Süße Spez

aus dem **Elsass**

ie Würze von gestern und heute

von

Gérard FRITSCH

& Guy ZEISSLOFF

Fotos

Frédérique CLEMENT

I. D. L'Édition

Inhalt

Desserts

Keks

Rezepte

Gâteau à la cannelle
Zimtkuchen

Zubereitung : 30 Min.
Kochzeit : 30-35 Min.

Zutaten für einen Zimtkuchen von 500 - 600 g

Für den Teig

- *250 g Mehl*
- *40 g Streuzucker*
- *5 g feines Salz*
- *1 Ei*
- *10 g Hefe*
- *90 ml Milch*
- *70 g Butter*

Sonstige Zutaten

- *100 g Crème Fraîche*
- *100 g Streuzucker*
- *10 g Zimt*
- *20 g Butter*

In der Rührschüssel oder in einer großen Schüssel Mehl, Zucker, Salz, Hefe, Ei und Milch vermengen.

Den Teig mit der Hand oder dem Knethaken des Rührgeräts kneten.

Wenn der Teig geschmeidig ist, die temperierte Butter hinzufügen.

Den Teig weiterkneten, bis er wieder geschmeidig und homogen ist.

Den Teig in einer Schüssel mit Frischhaltefolie abdecken und an einem warmen, vor Zugluft geschützten Ort gehen lassen, bis er das doppelte Volumen erreicht hat.

Ist der Teil ausreichend gegangen, den Teig auf eine bemehlte Arbeitsfläche geben.

Den Teig mit den Händen flach drücken und die Ränder zu Mitte hin einschlagen, so dass eine Kugel entsteht.

Den Teil auf ein gebuttertes Blech geben und erneut an einem vor Zugluft geschützten Ort gehen lassen.

Hat der Teig das doppelte Volumen erreicht, die Crème Fraîche darauf geben.

Zucker und gemahlenen Zimt vermischen.

Den Teig mit dem Zimtzucker großzügig bestreuen.

Mit dem Finger regelmäßige Vertiefungen in den Teig drücken.

In jede Vertiefung kleine Butterstücke geben.

Im vorgeheizten Backofen bei 180 °C backen.

Die Backdauer beträgt 30 - 35 Minuten.

Gâteau de santé
Gesundheitskuchen

Zubereitung : 20 Min.
Kochzeit : 45-55 Min.

Zutaten

- *150 g Butter*
- *225 g Streuzucker*
- *3 Eier*
- *150 ml Milch*
- *300 g Mehl*
- *1 Päckchen Vanillezucker oder die abgeriebene Schale einer Zitrone*
- *1 Päckchen Backpulver*

Sonstige Zutaten

- *Butter*
- *Mehl*

Das Mehl und das Backpulver durchsieben.

Die Butter in einer Schüssel weich werden lassen, nicht schmelzen.

Butter, Zucker und Vanillezucker mit dem Schneebesen vermischen.

Die Eier hinzugeben und die Masse vorsichtig mit dem Schneebesen verrühren.

Mit einem Rührlöffel das mit dem Backpulver versiebte Mehl untermischen.

Zum Schluss Milch hinzu geben.

Ist die Masse homogen, den Teig in eine gebutterte und bemehlte Kuchenform geben.

Im vorgeheizten Backofen bei 180°C ca. 45 - 55 Min. backen.

Kougelhopf
Gugelhupf

Zubereitung : 30 Min.
Kochzeit : 40-45 Min.

Zutaten für eine Backform von 25 cm Durchmesser

- *375 g Mehl*
- *60 g Streuzucker*
- *7 g feines Salz*
- *2 Eier*
- *15 g Hefe*
- *115 ml Milch*
- *90 g Butter*
- *2 cl Elsässer Kirschwasser*
- *115 g Rosinen / Sultaninen*
- *80 g ganze Mandeln*

Tipps und Tricks

Eine traditionelle Gugelhupfform aus Steingut ist vorzuziehen; auch wenn diese zerbrechlich ist, gibt sie dem Kuchen den speziellen Gugelhupfgeschmack.

Wenn die Rosinen oder Sultaninen nicht vorher eingelegt wurden: die Rosinen in eine Schüssel mit Rum oder Kirschwasser geben, die Schüssel mit Frischhaltefolie aus Kunststoff abdecken, 2 Minuten in die Mikrowelle schieben und vor dem Weiterverarbeiten der Rosinen das Ganze abkühlen lassen.

Die Sultaninen über Nacht im Kirschwasser einlegen.

In der Rührschüssel oder in einer Schüssel Mehl, Eier, Milch, Salz, Zucker und Hefe mischen.

Den Teig mit der Hand oder dem Knethaken des Rührgeräts kneten.

Wird der Teig geschmeidig und glänzend, die temperierte und verrührte Butter zufügen.

Den Teig erneut kneten. Wenn die Masse wieder homogen ist, vorsichtig die eingelegten Sultaninen einarbeiten.

Den Teig in einer Schüssel mit Frischhaltefolie oder einem sauberen Tuch abdecken.

Den Teig an einem warmen, vor Zugluft geschützten Ort gehen lassen, bis er das doppelte Volumen erreicht hat.

Eine Gugelhupfform mit einem Durchmesser von 25 cm nehmen und reichlich mit Butter einfetten.

Die Mandeln in eine Schüssel mit kaltem Wasser eintauchen und in jede Vertiefung der Gugelhupfform eine Mandel legen.

Den Teig für den Gugelhupf auf eine leicht bemehlte Arbeitsfläche geben.

Den Teig flachdrücken und die Ränder zur Mitte hin einschlagen, so dass eine Kugel entsteht.

Die Kugel umdrehen und mit dem Daumen ein Loch in der Mitte des Teigs eindrücken.

Den Teig in die Form geben und an einem warmen vor Zugluft geschützten Ort gehen lassen.

Sobald der Teig die Höhe der Form erreicht, den Gugelhupf in den vorgeheizten Backofen schieben.

Die Backdauer beträgt je nach Backofen 40 bis 45 Minuten.

Streussel

Zubereitung : 30 Min.
Kochzeit : 30-35 Min.

Zutaten für einen Streuselkuchen von 500 bis 600 g

Für den Teig

- *250 g Mehl*
- *40 g Streuzucker*
- *5 g feines Salz*
- *1 Ei*
- *10 g Hefe*
- *80 ml Milch*
- *60 g Butter*

Für die Streusel

- *100 g Mehl*
- *70 g Butter*
- *70 g Zucker*
- *1 Teelöffel Zimt (nach Belieben)*

Sonstige Zutaten

- *1 Ei zum Bestreichen*
- *Ein nussgroßes Stück Butter*
- *Puderzucker*

Für den Teig

In der Rührschüssel oder in einer großen Schüssel Mehl, Zucker, Salz, Hefe, Ei und Milch vermengen. Den Teig mit der Hand oder dem Knethaken des Rührgeräts kneten.

Wenn der Teig geschmeidig ist, die temperierte Butter hinzufügen.

Den Teig weiterkneten, bis er wieder geschmeidig und homogen ist.

Den Teig in einer Schüssel mit Frischhaltefolie abdecken und an einem warmen, vor Zugluft geschützten Ort gehen lassen, bis er das doppelte Volumen erreicht hat.

Für die Streusel

Währenddessen in einer Schüssel Mehl, Zucker, die in kleine Würfel geschnittene Butter und Zimt vermengen.

Das Gemisch durchkneten. Dazu die Zutaten zwischen den Händen zerreiben, so dass Teigkrümel entstehen.

Die Streusel kalt stellen.

Eine runde Form oder Tortenform mit einem Durchmesser von 25 cm ausbuttern.

Ist der Teig ausreichend gegangen, den Teig auf eine bemehlte Arbeitsfläche geben.

Den Teig mit den Händen flach drücken und die Ränder zu Mitte hin einschlagen, so dass eine Kugel entsteht.

Die Kugel mit einem Wellholz auf die Größe der Form ausrollen. Den Teig in die Form geben und vor Zugluft geschützt gehen lassen. Wenn der Teig das doppelte Volumen erreicht hat, den Teig mit einem Backpinsel mit Ei bestreichen.

Die Streusel auf dem Teig zerbröseln und den Kuchen in den auf 180°C vorgeheizten Backofen schieben.

Die Backdauer beträgt 30 bis 35 Minuten. Aus der Form nehmen und auf einem Gitter abkühlen lassen.

Tarte à la rhubarbe meringuée
Rhabarber-Baiser-Kuchen

Zubereitung : 30 Min.
Kochzeit : 45-50 Min.

Zutaten für eine Tortenform von ca. 28 cm Durchmesser

- *450 g Mürbeteig (siehe Apfelkuchenrezept auf Seite 78)*
- *700 g Rhabarber*
- *50 g Semmelbrösel*

Für den Guss

- *1 Ei*
- *50 g Zucker*
- *20 g Maizena*
- *100 g Milch oder Sahne*

Für das Baiser

- *3 Eiweiße*
- *100 g Streuzucker*
- *100 g Puderzucker*

Tipps und Tricks

Den geschnittenen Rhabarber mit 100 g Streuzucker mischen und ungefähr 2 Stunden Wasser ziehen lassen. Vor dem weiteren Verarbeiten den Rhabarber abtropfen lassen.

Wenn Sie den Kuchen nicht mit einer Baisermasse verzieren wollen, mit Streuzucker bestreuen.

Den Mürbeteig zubereiten und 30 Minuten kaltstellen.

Den Rhabarber schälen und in ca. 1 cm lange Stücke schneiden.

Eine Tortenform mit einem Durchmesser von 28 cm ausbuttern. Den Teig ausrollen und den Boden der Tortenform damit auslegen. Den Kuchenboden mit den Semmelbröseln bestreuen.

Die Rhabarberstücke auf dem Kuchenboden verteilen.

Den Kuchen im vorgeheizten Backofen bei 200°C backen.

Für den Guss

Mit einem Schneebesen das Ei und den Zucker in einer Schüssel schaumig rühren.

Maizena hinzufügen und zum Schluss die Milch oder die Sahne unterrühren.

Den Kuchen ungefähr 20 bis 25 Minuten backen, dann den Guss darüber gießen.

Den Kuchen, je nach Backofen, weitere 25 bis 35 Minuten backen.

Nach dem Backen den Kuchen aus der Form nehmen und auf ein Gitter legen.

Für das Baiser

Das Eiweiß mit dem Streuzucker zu einem festen Schnee schlagen.

Den Puderzucker mit einem Rührlöffel unterrühren.

Die Masse in einen Spritzbeutel mit einer Sterntülle (Durchmesser 10 mm) füllen.

Die Baisermasse auf den aus der Form entnommenen Kuchen spritzen und den Kuchen ungefähr 10 Minuten weiterbacken.

Sobald die Baisermasse sich leicht färbt, den Kuchen aus dem Backofen nehmen und auf einem Gitter abkühlen lassen.

Tarte au fromage blanc
Käsekuchen

Zubereitung : 20 Min.
Kochzeit : 1 Std.

Zutaten für einen 6 cm hohen Kuchen mit 20 cm Durchmesser

- *250 g Sandteig (siehe Rezept auf Seite 78)*
- *300 g Magerquark (0 % Fett)*
- *4 Eigelbe*
- *geriebene Schale einer ½ Zitrone (nach Belieben)*
- *40 g Maizena*
- *4 Eiweiße*
- *140 g Streuzucker*

Sonstige Zutaten und Zubehör

- *1 Tortenring, 6 cm hoch*
- *30 g in Rum eingelegte Rosinen*
- *1 Esslöffel Puderzucker*

Den Teig zubereiten und kalt stellen. Den Tortenring ausbuttern.

Den Teig 4 mm dick ausrollen und auf ein mit Backpapier ausgelegtes Kuchenblech legen.

Den Ring in den Teig drücken und die Überstände wegnehmen. Den Boden mit Rosinen bestreuen.

Für die Käsemasse

Mit einem Schneebesen den Quark, die Eigelbe, die abgeriebene Zitronenschale und Maizena verrühren.

Mit einem elektrischen Rührgerät das Eiweiß mit dem Zucker zu einem festen Eischnee schlagen.

Den Eischnee vorsichtig unter die erste Mischung heben.

Die Käsemasse in den Ring geben und gleichmäßig verteilen.

Im vorgeheizten Backofen bei 160°C ungefähr 60 Min. backen.

Wenn der Kuchen fertig gebacken ist, etwas abkühlen lassen und den Kuchen auf ein Gitter stürzen.

Nach dem vollständigen Abkühlen den Kuchen umdrehen und den Kuchenrand mit etwas Puderzucker garnieren.

Tarte aux cerises
Kirschkuchen

Zubereitung : 20 Min.
Kochzeit : 45-55 Min.

Zutaten für eine Tortenform mit einem Durchmesser von ca. 28 cm

- *450 g süßer Mürbeteig (siehe Rezept auf Seite 78)*
- *500 bis 600 g Kirschen*

Für den Guss

- *1 Ei*
- *50 g Zucker*
- *60 g gemahlene Mandeln*
- *50 g Sahne*
- *100 ml Milch*

Eine Tortenform mit einem Durchmesser von 28 cm ausbuttern.

Den Teig 2 - 3 mm dick ausrollen und den Boden der Tortenform auslegen.

Den Boden mit einer Gabel einstechen.

Die Kirschen entsteinen und auf den Kuchenboden geben.

Den Kuchen im vorgeheizten Backofen bei 200°C backen.

Für den Guss

Mit einem Schneebesen das Ei und den Zucker in einer Schüssel schaumig rühren.

Mandeln, Sahne und Milch zugeben und verrühren.

Den Guss nach einer Backzeit von 15 bis 20 Minuten über den Kuchen gießen.

Weitere 30 bis 35 Minuten backen.

Nach dem Backen den Kuchen aus der Form nehmen und auf ein Gitter legen.

Tarte aux pommes à l'alsacienne
Elsässer Apfelkuchen

Zubereitung : 20 Min.
Kochzeit : 45-55 Min.

Zutaten für eine Kuchenform von ca. 28 cm Durchmesser

Für den Mürbeteig
- *250 g Mehl*
- *125 g Butter*
- *30 g Streuzucker*
- *4 g Salz*
- *1 Ei*
- *15 ml Milch*

Für den Guss
- *1 Ei*
- *50 g Zucker*
- *100 ml Sahne*
- *50 ml Milch*

Sonstige Zutaten
- *4 bis 6 Äpfel*
- *Butter*

Für den Mürbeteig

In der Rührschüssel oder in einer Schüssel das Mehl und die Butter in Flöckchen mischen.

Mehl und Butter verkneten. Dazu die Zutaten kräftig zwischen den Händen zerreiben, bis eine sandartige Masse entsteht.

Ei, Milch, Salz und Zucker zur Mehlmasse hinzufügen und den Teig zu einer homogenen Mischung verarbeiten.

Den Teig in Frischhaltefolie gewickelt eine Stunde kühlstellen.

Zubereitung des Gusses

Mit einem Schneebesen das Ei und den Zucker in einer Schüssel schaumig rühren.

Milch und Sahne zugeben und untermischen.

Eine Tortenform mit einem Durchmesser von 28 cm ausbuttern.

Den Teig 2 - 3 mm dick ausrollen und den Boden der Tortenform auslegen.

Den Boden mit einer Gabel einstechen.

Die Äpfel schälen, das Kerngehäuse entfernen und vierteln.

Die Apfelviertel in feine Spalten schneiden.

Die Apfelspalten rosettenförmig auf den Kuchenboden legen. Den Kuchen im vorgeheizten Backofen bei 200°C backen.

Nach ca. 15 - 20 Minuten den Guss darüber gießen.

Den Kuchen, je nach Backofen, weitere 30 bis 35 Minuten backen. Nach dem Backen den Kuchen aus der Form nehmen und auf ein Gitter legen.

Tarte aux quetsches à l'alsacienne
Elsässer Zwetschgenkuchen

Zubereitung : 20 Min.
Kochzeit : 45-50 Min.

Zutaten für eine Tortenform von ca. 28 cm Durchmesser

- 450 g Mürbeteig (siehe Rezept auf Seite 78)
- 800 g Zwetschgen
- 50 g Semmelbrösel

Sonstige Zutaten

- 50 g Zucker
- ½ Teelöffel Zimt

Eine Tortenform mit einem Durchmesser von 28 cm ausbuttern.

Den Teig 3 mm dick ausrollen und den Boden der Tortenform damit auslegen.

Den Kuchenboden mit einer Gabel einstechen.

Den Kuchenboden mit den Semmelbröseln bestreuen.

Die Zwetschgen waschen, abtropfen lassen, halbieren, entsteinen und den Kuchen damit belegen.

Die Zwetschgen rosettenförmig auf den Kuchenboden legen.

Den Kuchen im vorgeheizten Backofen bei 180°C ca. 45 bis 50 Minuten backen.

Nach dem Backen den Kuchen aus der Form nehmen und auf ein Gitter legen.

Den Streuzucker und den Zimt vermischen.

Den Kuchen mit dem Zimtzucker bestreuen.

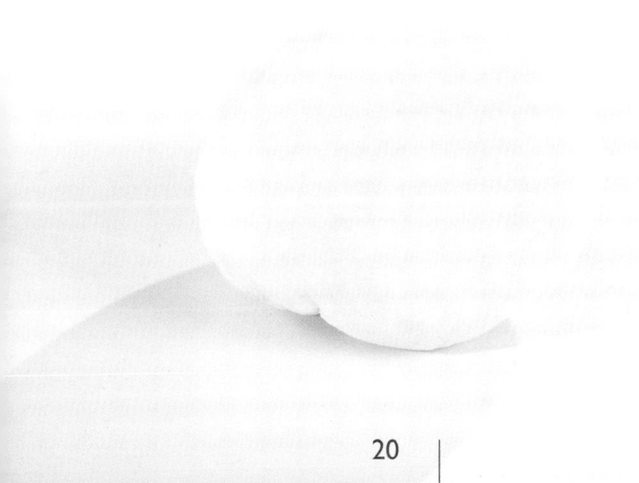

Tarte flambée aux pommes
Apfelflammkuchen

Zubereitung : 20 Min.
Kochzeit : 8-10 Min.

Zutaten für drei Flammkuchen von 20 x 30 cm

Für den Teig

- *250 g Mehl*
- *5 g Salz*
- *150 ml Wasser*
- *10 g Hefe*
- *20 g Butter*

Für die Zubereitung der Käsemasse

- *150 g Quark*
- *50 g Crème Fraîche*
- *50 g Zucker*
- *1 Ei*

Sonstige Zutaten

- *3 bis 4 Äpfel*
- *Streuzucker*
- *Gemahlener Zimt*
- *1 kleines Glas Calvados oder Rum (nach Belieben)*
- *Butter*

Für den Teig

In der Rührschüssel oder in einer Schüssel Mehl, Salz, Hefe und Wasser mischen.

Den Teig mit der Hand oder dem Knethaken des Rührgeräts kneten.

Den Teig in einer Schüssel mit Frischhaltefolie abdecken und gehen lassen, bis er das doppelte Volumen erreicht hat.

Für die Zubereitung der Quarkmasse

In einer Schüssel Quark, Ei, Crème Fraîche und Zucker mischen.

Ist der Teig ausreichend gegangen, den Teig auf eine bemehlte Arbeitsfläche geben.

Den Teig in Stücke von ca. 150 g teilen.

Die Teigstücke jeweils mit den Händen flach drücken und die Ränder zur Mitte hin einschlagen, so dass eine Kugel entsteht.

Die Kugeln mit einem Wellholz ungefähr 1 bis 2 Millimeter dick ausrollen.

Die Teigböden auf ein leicht bemehltes Backblech legen.

Die Quarkmasse auf den Teigböden verstreichen.

Die Äpfel schälen, das Kerngehäuse entfernen, in dünne Scheiben schneiden und dann die Quarkmasse damit belegen.

Zucker und Zimt mischen und über die Flammkuchen streuen.

Einige Butterflöckchen darüber verteilen.

In den auf 260 - 270 °C vorgeheizten Backofen schieben.

Die Backdauer beträgt je nach Backofen 8 bis 10 Minuten.

Aus dem Backofen nehmen und nach Belieben mit Calvados beträufeln und flambieren.

Den noch heißen Flammkuchen sofort servieren.

Tartelettes aux myrtilles
Heidelbeertörtchen

Zubereitung : 20 Min.
Kochzeit : 30-35 Min.

Zutaten für 6 Törtchen von 12 cm Durchmesser

- *400 g Sandteig (siehe Rezept auf Seite 78)*

Sonstige Zutaten

- *400 g Heidelbeeren*
- *Butter*
- *Kuchenguss (siehe Seite 18)*

Die Tortenförmchen mit Butter ausstreichen.

Den Teig ca. 3 mm dick auswellen.

Teigscheiben von 14 cm Durchmesser ausschneiden und in die Förmchen legen.

Die Böden mit einer Gabel einstechen.

Die Heidelbeeren säubern, waschen und abtropfen lassen. Dann die Beeren auf den Tortenböden verteilen.

Die Törtchen mit dem Guss bis zur halben Höhe übergießen.

Im vorgeheizten Backofen bei 180°C ungefähr 30 bis 35 Minuten backen.

Nach dem Abkühlen die Heidelbeertörtchen mit Streuzucker überstreuen.

Tipps und Tricks

Wenn Sie tiefgekühlte Heidelbeeren verwenden, den Tortenboden vor dem Belegen mit den Heidelbeeren mit etwas Semmelbröseln bestreuen.

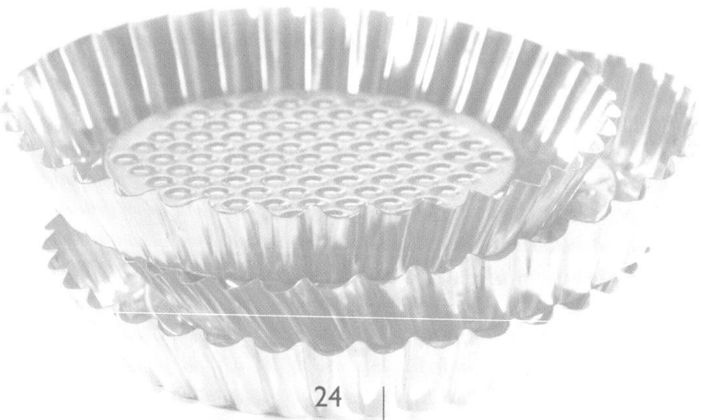

Tarte à la façon de Linz
Linzertorte

Zubereitung : 20 Min.
Kochzeit : 30-40 Min.

Zutaten für eine Torte von 20 cm Durchmesser

- *90 g Streuzucker*
- *75 g Butter*
- *1 Ei*
- *50 g gemahlene Mandeln*
- *5 g Zimt*
- *220 g Mehl*
- *1 g Backpulver*

Sonstige Zutaten

- *200 g Himbeermarmelade*
- *1 Ei zum Bestreichen*

Das Mehl mit dem Backpulver und dem Zimt durchsieben.

Die Butter in kleine Stücke schneiden und mit dem Mehl vermengen.

Das Mehl mit der Butter zu einer sandartigen Masse verarbeiten und die gemahlenen Mandeln hinzugeben.

Mit einem Schneebesen Zucker und Ei verrühren.

Die Eimasse zum Mehl hinzugeben und den Teig mit den Händen kneten.

Den Teig mindestens eine Stunde kühl stellen.

Ungefähr 350 g Teig abwiegen und diesen rund auf einen Durchmesser von ungefähr 24 cm ausrollen.

Den Teig in die Form geben und andrücken, um einen Rand zu formen.

Die Überstände mit einem Messer abschneiden.

Die Marmelade mit einem Schneebesen weich rühren und auf dem Tortenboden verteilen.

Den restlichen Teig 4 mm dick ausrollen und mit einem geriffelten Teigrädchen in Streifen schneiden.

Die Teigstreifen gitterartig auf die Torte legen.

Mit einem Pinsel das Teiggitter mit verquirltem Eigelb bestreichen.

Im vorgeheizten Backofen bei 180°C 30 bis 40 Minuten backen.

Bretzels de carnaval
Faschingsbrezeln

Zubereitung : 30 Min.
Kochzeit : 8-10 Min.

Zutaten für 7 bis 8 Krapfen

- *275 g Mehl*
- *3 Eigelb*
- *35 g Streuzucker*
- *5 g feines Salz*
- *10 g Hefe*
- *25 ml Milch*
- *80 ml Wasser*
- *35 g Butter*

Sonstige Zutaten

- *1 Liter Frittieröl*
- *Streuzucker*
- *Zimt*

In der Rührschüssel Mehl, Eigelb, Milch, Wasser, Salz, Zucker und Hefe mischen.

Den Teig mit dem Knethaken des Rührgeräts kneten.

Wird der Teig geschmeidig und glänzend, die temperierte und verrührte Butter zufügen.

Den Teig gut vermischen. Wenn er homogen ist, in eine Schüssel legen und mit Frischhaltefolie abdecken. Den Teig an einem warmen, vor Zugluft geschützten Ort gehen lassen, bis er das doppelte Volumen erreicht hat.

Den Krapfenteig auf eine leicht bemehlte Arbeitsfläche geben.

Den Teig in Stücke zu je ca. 70 g teilen.

Die Teiglinge flachdrücken und die Ränder zur Mitte hin einschlagen, so dass kleine Kugeln entstehen.

Die Kugeln zu Würsten formen.

Die Würste bis auf ca. 60 cm Länge rollen.

Aus jeder Wurst einen Ring formen, die Enden überkreuzen und zur Brezelmitte zusammenlegen. Die Enden mit etwas Wasser ankleben.

Die Brezeln auf ein mit einem sauberen Tuch ausgelegtes Backblech legen.

Mit Frischhaltefolie abdecken und an einem warmen vor Zugluft geschützten Ort gehen lassen.

Das Frittieröl auf 180°C erhitzen.

Sobald die Krapfen das doppelte Volumen erreicht haben, nacheinander in das heiße Öl geben.

Die Krapfen mit einem hölzernen Rührlöffel wenden. Die Backdauer beträgt 3 - 4 Minuten von jeder Seite, je nach Größe der Krapfen.

Wenn die Krapfen eine schöne Farbe bekommen haben, aus dem Öl nehmen und auf Küchenpapier abtropfen lassen.

Die lauwarmen Krapfen mit Zimtzucker bestreuen.

Cuisses de dames
Dameschenkele

Zubereitung : 25 Min.
Kochzeit : 5 Min.

Zutaten

- *300 g Mehl*
- *5 g Backpulver*
- *75 g Streuzucker*
- *75 g Butter*
- *50 g geröstete, gemahlene Mandeln*
- *3 Eier*

Sonstige Zutaten

- *Streuzucker*
- *Gemahlener Zimt*
- *Puderzucker*

In der Rührschüssel oder in einer Schüssel sämtliche Zutaten vermengen.

Den Teig mit der Hand oder dem Knethaken des Rührgeräts kneten, bis eine homogene Masse entsteht.

Eine Rolle von ca. 3 cm Durchmesser formen.

1 cm dicke Scheiben abschneiden und diese in kleine Würste von 4 - 5 cm Länge formen.

Das Frittieröl auf ca. 180°C erhitzen.

Einige Würste vorsichtig hinein geben.

Nach einer Minute mit einer Gabel wenden. Sie sollten dann goldgelb sein.

Noch eine Minute im Frittieröl lassen und dann herausnehmen.

Auf einem Küchenpapier abtropfen lassen.

Etwas von dem Streuzucker mit dem Zimt vermischen.

Die Dameschenkele im Zimtzucker wälzen und eventuell mit Puderzucker bestreuen.

Eclats

Scherwa

Zubereitung : 15 Min.
Kochzeit : 4-5 Min.

Zutaten

- *500 g Mehl*
- *10 g Salz*
- *10 g Backpulver*
- *30 g Streuzucker*
- *250 ml Sahne*
- *3 Eier*
- *Abgeriebene Schale von 1 Zitrone*

Sonstige Zutaten

- *Streuzucker*
- *Gemahlener Zimt*
- *Puderzucker*

In der Rührschüssel oder in einer großen Schüssel sämtliche Zutaten vermengen.

Den Teig mit der Hand oder dem Knethaken des Rührgeräts kneten, bis eine homogene Masse entsteht.

Den Teig auf eine Dicke von ca. ½ cm auswellen.

Mit einem Teigrädchen ca. 4 cm lange Rauten ausschneiden.

Das Frittieröl auf 180°C heizen.

Einige Teigrauten vorsichtig hinein geben.

Nach einer Minute die Teigstücke mit einer Gabel wenden. Sie sollten dann goldgelb sein.

Noch eine Minute im Frittieröl lassen und dann herausnehmen.

Auf einem Küchenpapier abtropfen lassen.

Die Eclats in Streuzucker oder Zimtzucker wälzen und eventuell mit Puderzucker bestreuen.

Alsace

Agneau Pascal
Osterlamm

Zubereitung : 30 Min.
Kochzeit : 40-45 Min.

Zutaten für 1 Form

- *4 Eiweiß*
- *60 g Zucker + 60 g Zucker*
- *4 Eigelb*
- *20 g Maizena*
- *100 g Mehl*
- *geriebene Schale von 1 Zitrone*

Sonstige Zutaten

- *50 g Butter*
- *Mehl*

Den Backofen auf 180°C vorheizen.

Die Steingutform reichlich mit Butter einfetten und bemehlen.

Das überschüssige Mehl entfernen, die Form zusammensetzen und auf ein Backblech stellen.

Das Mehl mit Maizena durchsieben.

In einer Schüssel das Eigelb mit der Hälfte des Zuckers schaumig rühren.

Das Eiweiß mit der anderen Hälfte des Zuckers steif schlagen.

Erst Eigelb, dann Mehl und geriebene Zitronenschale vorsichtig mit dem Rührlöffel unter das Eiweiß heben.

Nicht zu lange rühren, damit die Masse nicht zusammenfällt.

Den Biskuitteig in die Form geben und je nach Backofen 40 bis 45 Minuten backen.

Die Garprobe mit einem kleinen Messer machen: Bleibt die Klinge trocken, ist das Lamm durchgebacken.

Nach dem Backen und vollständigen Abkühlen das Lamm gut mit Puderzucker bestäuben.

Mit einem Band oder einer kleinen Flagge verzieren.

Tipp

Wie beim Kougelhopf ist eine Steingutform besser, da diese den Geschmack besser erhält.

Wenn Sie diese zum ersten Mal verwenden, die Form gut mit Butter ausstreichen und eine gute Stunde in den Backofen stellen. Die Form über Nacht abkühlen lassen und dann mit Küchenpapier abwischen, nicht abwaschen.

Bonhomme de Saint Nicolas

Nikolaus

Zubereitung : 25 Min.
Kochzeit : 15 Min.

Zutaten für ca. 8 Nikoläuse

- *300 g Auszugsmehl*
- *50 g Streuzucker*
- *5 g feines Salz*
- *1 Ei*
- *20 g Hefe*
- *110 ml Milch*
- *75 g Butter*

Sonstige Zutaten

- *1 Ei zum Bestreichen*
- *Rosinen oder Schokostreusel*

In der Rührschüssel oder in einer großen Schüssel Mehl, Zucker, Salz, Hefe, Ei und Milch vermengen.

Den Teig mit der Hand oder dem Knethaken des Rührgeräts kneten.

Wenn der Teig geschmeidig ist, die temperierte Butter hinzufügen.

Den Teig weiterkneten, bis er wieder geschmeidig und homogen ist.

Den Teig mit einer Frischhaltefolie abdecken und an einem warmen, vor Zugluft geschützten Ort gehen lassen, bis er das doppelte Volumen erreicht hat.

Ist der Teil ausreichend gegangen, den Teig auf eine bemehlte Arbeitsfläche geben.

Den Teig in Stücke von ca. 75 g teilen.

Jeden Teigklumpen mit der Hand flachdrücken und die Ränder zur Mitte hin einschlagen, so dass eine Kugel entsteht. Die Kugeln zu kleinen karottenförmigen Teigrollen formen.

Aus dem dickeren Teil mit der Handkante den Kopf des Nikolaus formen.

Die Teigteile auf einem vorher gebutterten Backblech anordnen.

Die Nikolausmänner auf das Backblech drücken und mit einem kleinen Messer den Körper einschneiden, um die Arme herauszuformen.

Dann den unteren Teil für die Beine in zwei gleiche Teile schneiden.

In jeden Nikolaus zwei Rosinen für die Augen und eine für den Nabel drücken.

Die Nikolausmänner mit Frischhaltefolie abdecken und an einem warmen, vor Zugluft geschützten Ort gehen lassen, bis sie das doppelte Volumen erreicht haben.

Wenn das doppelte Volumen erreicht ist, den Teig mit einem Backpinsel mit Ei bestreichen.

Im vorgeheizten Backofen bei 180°C ungefähr 15 Min. backen.

Brioche de Noël
Christstollen

Zubereitung : 35 Min.
Kochzeit : 30 Min.

Zutaten

- *250 g Mehl*
- *5 g Salz*
- *40 g Streuzucker*
- *15 g Hefe*
- *1 Ei*
- *80 ml Milch*
- *75 g Butter*
- *25 g in Rum eingelegte Rosinen*
- *50 g Orangeat*
- *50 g Zitronat*
- *50 g ganze Haselnüsse*
- *50 g gehackte Mandeln*
- *25 g gehackte Walnüsse*
- *Abgeriebene Schale von ½ Zitrone*

Sonstige Zutaten

- *50 g geschmolzene Butter zum Bestreichen*
- *150 g Rohmarzipan*
- *Zimtzucker oder Puderzucker*

Die Haselnüsse, Walnüsse und Mandeln auf ein Blech geben.

Im Ofen bei 160°C grillen, bis sie leicht gebräunt sind.

In der Rührschüssel oder in einer Schüssel Mehl, Ei, Milch, Salz, Zucker und Hefe mischen.

Den Teig mit der Hand oder dem Knethaken des Rührgeräts kneten. Wenn der Teig geschmeidig ist, die temperierte Butter hinzufügen.

Den Teig weiterkneten, bis die Butter verarbeitet und der Teig homogen ist.

Die gegrillten und abgekühlten Nüsse, Orangeat und Zitronat, Rumrosinen sowie Zitronenschale hinzufügen und unterkneten.

Den Teig mit einer Frischhaltefolie abdecken und an einem warmen, vor Zugluft geschützten Ort gehen lassen, bis er das doppelte Volumen erreicht hat.

Sobald der Teig das doppelte Volumen erreicht hat, auf eine bemehlte Arbeitsfläche geben.

Den Teig in zwei Teiglinge teilen, zu Kugeln formen und 15 Minuten ruhen lassen.

Die Kugeln mit einem Wellholz zu ca. 25 cm langen und 15 cm breiten Ovalen ausrollen.

In der Mitte falten, sodass eine Hälfte auf der anderen liegt, und die Stollen auf ein gebuttertes Backblech legen.

Die Stollen mit geschmolzener Butter bestreichen und an einem warmen Ort gehen lassen.

Sobald der Teig das doppelte Volumen erreicht hat, nochmals mit Butter bestreichen und im vorgeheizten Backofen bei 180°C backen. Die Backzeit beträgt ca. 30 Minuten.

Nach dem Backen die Christstollen nochmals mit geschmolzener Butter bestreichen und nach Belieben mit Zimtzucker oder durch ein Sieb mit Puderzucker bestreuen.

Cœurs de pain d'épices
Neujahrsstollen

Zubereitung : 25 Min.
Kochzeit : 15-20 Min.

Zutaten für 2 bis 3 Herzen

- *350 g Mehl*
- *200 g Honig*
- *60 g Zucker*
- *1 Ei*
- *1 Eigelb*
- *6 g Hirschhornsalz*
- *5 ml Milch*
- *5 ml Kirschwasser*
- *5 g Zimt*
- *6 g Lebkuchengewürz*

Sonstige Zutaten

- *Milch*
- *Ganze Mandeln, Belegkirschen, Sternanis, Zimtstangen, Walnüsse, Haselnüsse, Mandeln, Kardamom (ganz), Pistazien …*

Am Vortag

Mehl, Zimt und Lebkuchengewürz mischen.

Die Milch mit dem Hirschhornsalz vermischen.

Den Honig mit dem Zucker in einem Topf auf niedriger Flamme erhitzen.

Wenn die Milch warm ist (ca. 60°C), zur Mehlmischung gießen und verkneten.

Die Eier dazuschlagen und alles kneten, bis die Masse vollständig abgekühlt ist.

Dann das Kirschwasser und die Milch mit dem darin aufgelösten Hirschhornsalz zugeben.

Den Teig in Frischhaltefolie gewickelt mindestens 24 Stunden kühlstellen.

Am Tag der Zubereitung

Den Teig 1 Stunde vor der Verarbeitung aus dem Kühlschrank nehmen.

Ein kleines Stück Teig ausrollen und im vorgeheizten Backofen bei 180°C einen Backtest machen:
Bilden sich an der Teigoberfläche Blasen, dem Teig nochmals etwas Mehl zufügen, damit er fester wird.

Den Teig 5 mm dick auswellen.

Mit einer Ausstechform Herzen ausstechen.

Die Herzen auf ein leicht bemehltes Backblech legen.

Die Herzen mit kalter Milch bestreichen.

Mit Früchten, Nüssen und Gewürzen dekorieren.

Im vorgeheizten Backofen bei 180°C 15 bis 20 Minuten backen.

Die Herzen vor dem Verpacken abkühlen lassen.

Langues de pain d'épices
Lebkuchenzungen

Zubereitung : 35 Min.
Kochzeit : 8-10 Min.

Zutaten

Für den Lebkuchenteig

- *300 g Mehl*
- *200 g Honig*
- *60 g Streuzucker*
- *1 Eigelb*
- *1 Ei*
- *6 g Hirschhornsalz*
- *2 Esslöffel Milch*
- *5 ml Kirschwasser*
- *5 g Zimt*
- *6 g Lebkuchengewürz*
- *50 g geröstete Mandeln, grob gemahlen*
- *50 g geröstete Haselnüsse, grob gemahlen*
- *50 g Zitronat*
- *50 g Orangeat*

Für den Eischnee

- *1 Eiweiß*
- *150 g Puderzucker, gesiebt*

Sonstige Zutaten

- *Milch*

Am Vortag

In der Rührschüssel oder in einer großen Schüssel Mehl, Zimt und Lebkuchengewürze vermengen.

In einem anderen Gefäß die Milch mit dem Hirschhornsalz vermischen.

Den Honig mit dem Zucker in einem Topf auf niedriger Flamme erhitzen.

Erreicht der Honig ca. 60°C, den Honig auf das Mehl geben und den Teig mit einem Holzlöffel oder mit dem Knethaken des Rührgeräts rühren.

Unter Rühren die Eier zugeben.

Den Teig rühren, bis er vollständig abgekühlt ist.

Dann das Kirschwasser und die Milch mit dem darin aufgelösten Hirschhornsalz zugeben.

Zum Schluss Nüsse, Zitronat und Orangeat unterrühren.

Den Teig in Frischhaltefolie einwickeln und kalt stellen.

Am Tag der Zubereitung

Den Teig aus dem Kühlschrank nehmen und ungefähr dreißig Minute auf Zimmertemperatur erwärmen lassen.

Auf der leicht bemehlten Arbeitsfläche den Teig ca. 1 - 2 mm dick auswellen.

Überschüssiges Mehl entfernen und mit einer Lebkuchenform Lebkuchenzungen ausstechen.

Die Zungen auf ein leicht bemehltes Backblech legen. Mit einem Pinsel die Zungen mit kalter Milch bestreichen. Dann die Lebkuchen sofort im vorgeheizten Backofen bei 180°C 8 - 10 Minuten backen. Nach dem Backen die Lebkuchenzungen abkühlen lassen. Nach dem Abkühlen vom Backblech lösen.

Das Eiweiß mit dem Puderzucker mit einem Schneebesen steif schlagen. Die Lebkuchenzungen mit dem Eischnee einpinseln. Die Glasur im Backofen 1 bis 2 Minuten bei 160°C trocknen lassen.

Pain aux fruits
Früchte- oder Hutzelbrot

Zubereitung : 40 Min.
Kochzeit : 45-50 Min.

Zutaten für 2 Stück

Für die Früchtemischung
- *50 g getrocknete Datteln*
- *50 g getrocknete Feigen*
- *50 g getrocknete Äpfel*
- *50 g getrocknete Birnen*
- *40 g getrocknete Aprikosen*
- *60 g Haselnüsse*
- *40 g Pflaumen*
- *30 g Rosinen*
- *25 g Streuzucker*
- *25 g Honig*
- *6 cl Elsässer Kirschwasser*

Für den Teig
- *5 g Hefe*
- *80 g Mehl*
- *2 g Salz*
- *50 ml Milch*

Für den Sirup
- *30 ml Wasser*
- *50 g Zucker*

Am Vortag

Sämtliche Früchte in kleine, gleich große Würfel schneiden und die Früchte mit dem Zucker, Honig und Alkohol mischen. Die Mischung in einen Behälter geben und gut verschließen.

Am nächsten Tag

In der Rührschüssel oder in einer großen Schüssel Mehl, Hefe, Salz und Milch mischen.

Den Teig mit der Hand oder dem Knethaken des Rührgeräts kneten, bis eine geschmeidige und homogene Masse entsteht.

Den Teig mit Frischhaltefolie abdecken und an einem warmen, vor Zugluft geschützten Ort gehen lassen, bis er das doppelte Volumen erreicht hat.

Nach und nach die eingelegten Früchte mit der Hand in den Teig einarbeiten.

Am Ende muss der Teig vollständig mit den Früchten gebunden sein.

Teigstücke von 300 g abwiegen.

Die Arbeitsfläche und die Hände befeuchten und Brote formen.

Die Brote auf ein mit Backpapier ausgelegtes Backblech legen.

Mit den halben kandierten Kirschen und Nusskernen dekorieren.

½ Stunde ruhen lassen und im Backofen bei 160-170°C 45 bis 50 Minuten backen.

Den Zucker und das Wasser in einem Topf gut aufkochen lassen. Die Früchtebrote gleich nach dem Backen mit dem warmen Sirup einstreichen.

Tipps und Tricks

Die Temperatur mit einer Metallnadel prüfen:

Mit der Nadel in des Früchtebrot stechen und nach 5 Sekunden wieder herausziehen. Ist die Nadel beim Anfassen heiß, ist das Früchtebrot durchgebacken.

Brioches de Nouvel An
Neujahrsstollen

Zubereitung : 25 Min.
Kochzeit : 15-20 Min.

Zutaten für 8 Stück

- *250 g Mehl*
- *40 g Streuzucker*
- *5 g feines Salz*
- *2 Eier*
- *10 g Hefe*
- *40 ml Milch*
- *65 g Butter*
- *60 g Korinthen*

Sonstige Zutaten

- *1 Ei zum Bestreichen*

Tipps und Tricks

Damit die Schere nicht am Teig klebt, die Scherenspitze in das Eigelb zum Bestreichen tauchen und dann die Stollen einschneiden.

In der Rührschüssel oder in einer großen Schüssel Mehl, Eier, Milch, Salz, Zucker und Hefe mischen.

Den Teig mit der Hand oder dem Knethaken des Rührgeräts kneten.

Wird der Teig geschmeidig und glänzend, die temperierte und verrührte Butter zufügen.

Den Teig kneten. Wenn die Masse wieder homogen ist, vorsichtig die Korinthen einarbeiten.

Den Teig mit Frischhaltefolie abdecken und an einem warmen Ort gehen lassen, bis er das doppelte Volumen erreicht hat.

Den Stollenteig auf eine leicht bemehlte Arbeitsfläche geben.

Teigstücke von 70 g abwiegen.

Die Teiglinge flachdrücken und die Ränder zur Mitte hin einschlagen, so dass schöne, glatte Teigkugeln entstehen.

Die Teigkugeln auf einem vorher gebutterten Backblech anordnen.

Die Stollen an einem warmen, vor Zugluft geschützten Ort gehen lassen.

Wenn das doppelte Volumen erreicht ist, die Stollen mit einem Backpinsel mit Ei bestreichen.

Die Teiglinge viermal mit der Schere einschneiden. Die Schnitte sollen kreuzförmig angeordnet sein.

Die Stollen im vorgeheizten Backofen bei 180 C backen.

Die Backdauer beträgt je nach Backofen 15 bis 20 Minuten.

Forêt-Noire
Schwarzwälder Kirschtörtchen

Zubereitung : 45 Min.
Kochzeit : 10 Min.

Rezept für 6 Personen

Zutaten für den Schokoladenbiskuit

- *4 Eier*
- *120 g Zucker*
- *100 g Mehl*
- *30 g Kakao*

Sirup

- *100 ml Wasser*
- *100 g Zucker*
- *5 cl Kirschwasser*

Schlagsahne

- *500 ml Sahne*
- *50 g Streuzucker*

Sonstige Zutaten

- *400 g Sauerkirschen*
- *1 Tafel Zartbitterschokolade*

Für den Biskuit

Die Eier und den Zucker im Wasserbad auf ca. 50°C erhitzen.

Dann die Eier mit dem Rührgerät schaumig rühren.

Mehl und Kakao durchsieben und mit einem Rührlöffel vorsichtig unter die Eimischung heben. Nicht zu lange rühren, damit die Masse nicht zusammenfällt.

Die Masse halbieren und auf 2 mit Backpapier ausgelegten Kuchenblechen mit einem Teigschaber ca. 8 mm dick verteilen. Im vorgeheizten Backofen bei 220°C ungefähr 10 Min. backen.

Gleich nach dem Backen die Biskuitplatten auf die Arbeitsfläche geben.

Für den Sirup

Für den Sirup das Wasser mit dem Zucker zum Kochen bringen und wieder abkühlen lassen. Das Kirschwasser hinzufügen.

Für die Schlagsahne

Die kalte Sahne und den Zucker mit einem Rührgerät oder einem Schneebesen steif schlagen.

Herstellung der Schwarzwälder

Die fertige Schlagsahne in einen Spritzbeutel mit einer Düse von 10 mm füllen.

Mit einer runden Form mit einem Durchmesser von 10 cm 18 Biskuitscheiben ausstechen.

Diese mit einem Pinsel mit Sirup bestreichen.

Mit der Sahne 6 Biskuitscheiben 1 cm dick bestreichen.

Die Kirschen darauf verteilen.

Die zweite Schicht Biskuitscheiben darauf legen und wie oben beschrieben verfahren.

Die dritte Biskuitschicht darauf legen und mit Schlagsahne bestreichen.

Für die Schokoladenraspel die Tafel Schokolade mit einem Messer raspeln.

Die Schwarzwälder Törtchen mit den Schokoladeraspeln bestreuen.

Vor dem Servieren kalt stellen.

Granité aux quetsches
Streuselkuchen mit Zwetschgen

Zubereitung : 15 Min.
Kochzeit : 45 Min.

Zutaten für die Streusel

- *250 g Mehl*
- *5 g Packpulver*
- *5 g Zimt*
- *100 g Streuzucker*
- *75 g Butter*
- *1 Ei*

Sonstige Zutaten

- *600 g Elsässer Zwetschgen*
- *Puderzucker*
- *Butter*

Mehl, Packpulver, Zimt und Butter mit den Händen zerreiben, bis die Masse sandartig aussieht.

Ei und Zucker verrühren und unter die sandartige Masse mischen.

Die Masse mit den Fingern zu Streuseln verarbeiten.

Die Streusel ungefähr eine Stunde kühl stellen.

Die Zwetschgen entsteinen.

Ein Backblech mit Butter einfetten und über die Hälfte der Streusel darauf verteilen.

Die Streusel mit den Zwetschgen eng belegen.

Über die Zwetschgen die restlichen Streusel verteilen.

Im vorgeheizten Backofen bei 200°C ca. 40 - 45 Min. backen.

Tipp

Dieses Dessert kann heiß, warm oder kalt serviert werden.

Mendiant

Kirschenmichel (Bettelman)

Zubereitung : 20 Min.
Kochzeit : 35-45 Min.

Zutaten

- *200 g altbackenes Weiß- oder Toastbrot*
- *150 g Streuzucker*
- *2 Eier*
- *400 ml Milch*
- *600 g Kirschen*

Sonstige Zutaten

- *Butter*
- *Semmelmehl*

1 bis 2 Stunden vorher

Das Brot klein schneiden und in eine große Schüssel geben.

Die Milch zum Kochen bringen, über das Brot gießen und die Masse eine Minute vermengen.

Wenn das Brot weich ist, Zucker und Eier hinzufügen.

Mit einem Rührlöffel die Zutaten zu einer homogenen Masse verrühren.

Bei Bedarf ein wenig Milch hinzufügen.

Die Masse muss eine püreeartige Konsistenz haben.

Die Kirschen entsteinen und zum Teig hinzugeben.

Vorsichtig mit dem Rührlöffel untermischen.

Eine große Auflaufform oder Portionsförmchen gut ausbuttern.

Den Teig in die Form füllen.

Mit Semmelbröseln bestreuen.

Im vorgeheizten Backofen bei 180°C ungefähr 35 bis 45 Minuten backen.

Den Kirschenmichel auf einem Teller abkühlen lassen.

Nid d'abeille

Bienenstich

Zubereitung : 1 Std.
Kochzeit : 30-35 Min.

Zutaten für eine Springform von 24 cm Durchmesser

Für den Teig

- *150 g Mehl*
- *3 g feines Salz*
- *30 g Streuzucker*
- *10 g Hefe*
- *1 Ei*
- *30 ml Milch*
- *50 g Butter*

Für den Bienenstich-Belag

- *30 g Butter*
- *30 g Streuzucker*
- *20 g Honig*
- *10 ml Milch*
- *50 g gehobelte Mandeln*

Sonstige Zutaten

- *Konditorcreme (siehe S. 79)*
- *1 Ei zum Bestreichen*
- *Butter*
- *Rum*

Für den Teig

In der Rührschüssel Mehl, Zucker, Salz, Hefe, Ei und Milch mischen und mit dem Knethaken des Handrührgeräts verkneten. Wenn der Teig geschmeidig ist, die temperierte Butter hinzufügen. Den Teig weiterkneten, bis er homogen ist.

Den Teig zudecken und gehen lassen, bis er das doppelte Volumen erreicht hat. Ist der Teil ausreichend gegangen, den Teig auf eine bemehlte Arbeitsfläche geben.

Mit den Händen flach drücken und die Ränder zu Mitte hin einschlagen, so dass eine Kugel entsteht.

Die Teigkugel umdrehen und auf die Größe einer Springform (24 cm Durchmesser) ausrollen.

Den Teig in die eingefettete Form legen.

Den Teig in der Form auf das doppelte Volumen gehen lassen.

Für den Bienenstich-Belag

Butter, Zucker, Milch und Honig in einen Topf geben. Die Mischung erhitzen, bis der Zucker geschmolzen ist. Die Mandeln dazugeben und alles vermischen. Die noch warme Masse auf dem Teig verteilen.

Backen

Wenn das doppelte Volumen erreicht ist, den Teig mit einem Backpinsel mit Ei bestreichen.

Die Mandelmasse mit einem Teigschaber gleichmäßig auf dem gesamten Kuchen verteilen.

Im vorgeheizten Backofen bei 180 °C ungefähr 30 bis 35 Minuten backen.

Nach dem Backen den Kuchen aus der Form lösen und auf einem Kuchengitter vollständig auskühlen lassen.

Die Konditorcreme und den Rum mit dem Schneebesen vermischen. Den Kuchen mit einem Brotmesser horizontal aufschneiden. Die Creme mit einem Teigschaber auf dem Bienenstichboden verteilen.

Das Kuchenoberteil mit dem Mandelbelag auf die Creme setzen und den Bienenstich kalt stellen.

Savarin au Kirsch d'Alsace et coulis de griottes Savarin mit Elsässer Kirschwasser und Kirschcoulis

Zubereitung : 40 Min.
Kochzeit : 20 Min.

Zutaten für 6 Kirsch-Savarins

Für den Teig

- *75 g Mehl*
- *12 g Streuzucker*
- *1 g feines Salz*
- *2 Eier*
- *5 g Hefe*
- *20 g Butter*

Für den Kirschcoulis

- *200 g eingemachte Sauerkirschen, abgetropft*
- *100 g Streuzucker*

Für den Sirup

- *500 ml Wasser*
- *250 g Zucker*

Sonstige Zutaten und Zubehör

- *6 kleine Gugelhupf-Förmchen aus Silikon*
- *100 g Sahne*
- *6 in Kirschwasser eingelegte Sauerkirschen*
- *1 Gläschen Kirschwasser*

Für den Savarinteig

In einer Schüssel oder in der Rührschüssel Mehl, Zucker, Salz, Hefe und Eier verrühren. Die Butter schmelzen und hinzufügen.

Ist die Masse homogen, den weichen Teig in einen Spritzbeutel mit einer Tülle mit einem Durchmesser von ca. 10 mm füllen.

Die Gugelhupfformen zu einem Drittel füllen.

Die Savarins gehen lassen, bis der Teig den Rand der Formen erreicht, dann bei 180°C ungefähr 20 Min. backen.

Die kleinen Gugelhupfe aus der Form auf ein Gitter stürzen.

Für den Kirschcoulis

Die Sauerkirschen und den Zucker mixen und den gewonnenen Fruchtcoulis durch ein Sieb passieren.

Den Kirschcoulis bis zur Verwendung kalt stellen.

Für den Sirup zum Tränken

Aus 500 ml Wasser und 250 g Zucker einen Sirup herstellen. Zum Kochen bringen und auf ca. 50°C abkühlen lassen.

Fertigstellung

Die Gugelhupfe mit dem Kopf nach unten 2 Min. tränken, dann umdrehen und weitere 5 Min. tränken

Die Gugelhupfe mit einem Schaumlöffel herausnehmen und auf einem Gitter abtropfen lassen.

Etwas Sauerkirschcoulis in jeden Teller geben.

Die Savarins mit einem Löffel mit Kirschwasser beträufeln und auf die Teller setzen. Jeden Savarin mit einem Tupfer geschlagener Sahne und einer in Kirschwasser eingelegten Kirsche garnieren. Kalt servieren.

Tarte biscuitée au Kirsch
Biskuittörtchen mit Kirschwasser

Zubereitung : 1 Std.
Kochzeit : 35-40 Min.

Zutaten für 9 Törtchen von 8 cm Durchmesser

Für die Baiserböden
- *60 g Eiweiß*
- *60 g Zucker*
- *20 g gemahlene Haselnüsse*
- *20 g gemahlene Mandeln*
- *10 g Mehl*

Für den Biskuitteig (siehe S. 79)

Für den Sirup
- *100 ml Wasser*
- *75 g Zucker*
- *15 ml Kirschwasser*

Für die Buttercreme
- *150 g Zucker*
- *50 ml Wasser*
- *1 Ei*
- *200 g Butter*
- *20 ml Kirschwasser*

Für die Baiserböden

Nüsse und Mandeln mit dem Mehl mischen. Eiweiß und Zucker solange schlagen, bis eine geschmeidige Eischneemasse entsteht. Mit einem Rührlöffel vorsichtig die Mehl-Nuss-Mandelmischung unterheben.

Die Masse in einen Spritzbeutel mit einer Tülle (Durchmesser 8 mm) füllen. Mit dem Spritzbeutel die Baisermasse spiralförmig aufspritzen, sodass 9 Scheiben (Durchmesser 8 cm) entstehen.

Ca. 25 Minuten bei 160°C backen.

Für den Sirup

Wasser und Zucker aufkochen, abkühlen lassen und das Kirschwasser hinzugeben.

Für die Buttercreme

Wasser und Zucker auf 118°C aufkochen.

Nach und nach den warmen Zuckersirup unter Rühren (Schneebesen) zu dem Ei geben. Die Masse mit dem Handrührgerät schaumig schlagen. Wenn sie lauwarm ist, die Butter zugeben. Die Creme ca. 10 Minuten mit dem Handrührgerät verrühren und das Kirschwasser hinzufügen.

Fertigstellung

Die Baiserböden (Reste aufbewahren) und Biskuitböden mit einer Ausstechform ausstechen.

Buttercreme mit einem Rührlöffel ca. 2 mm dick auf den Baiserböden verstreichen. Biskuitboden auf die Creme setzen und mit einem Pinsel mit Sirup tränken. Buttercreme mit einem Rührlöffel ca. 4 mm dick auf den Biskuitböden verstreichen. Die letzten Biskuitböden aufsetzen und mit dem restlichen Sirup tränken.

Mit der Backrolle die Baiserreste zerkleinern.

Eine dünne Buttercremeschicht rund um die Törtchen auftragen, dann in den Baiserkrümeln rollen (geht auch mit gemahlenen gerösteten Haselnüssen). Auf jedem Törtchen eine dünne Buttercremeschicht auftragen, dann mit Puderzucker bestreuen.

Mit dem Messer ein Muster einritzen und vor dem Servieren kaltstellen.

Torche aux marrons
Maronencremetörtchen

Zubereitung : 40 Min.
Kochzeit : 25 Min.

Zutaten für 6 Törtchen

- *450 g süßer Mürbeteig (siehe S. 79)*

Für die Sahnecreme

- *150 g Sahne*
- *15 g Streuzucker*

Maronencreme

- *200 g pürierte Maronen, nicht gezuckert (Dose)*
- *250 g Maronencreme, gezuckert (Dose)*
- *75 g Butter*
- *1 Esslöffel Rum*

Sonstige Zutaten

- *6 Baisers*

Den Teig 2 mm dick ausrollen. Törtchenformen mit dem Teig auslegen.

Den Teig mit Backpapier abdecken und die Formen mit getrockneten Bohnen füllen.

Ca. 25 Minuten bei 180°C blindbacken.

Vorsichtig das Papier und die Bohnen aus den Formen nehmen und die Törtchenböden abkühlen lassen.

Für die Maronencreme

Maronenpüree, Maronencreme, Butter und Rum im Mixer vermischen.

Für die Sahnecreme

Sehr kalten Sahne und Zucker steif schlagen.

Die Sahnecreme in einen Spritzbeutel mit einer Tülle (Durchmesser 10 mm) füllen.

Auf jeden Törtchenboden eine Schicht Sahnecreme auftragen.

Die Baisers grob zerbröseln und die Krümel auf der Creme verteilen und mit Sahnecreme bedecken.

Die Maronencreme in einen Spritzbeutel mit einer Tülle (Durchmesser 2 - 3 mm) füllen.

Maronen-Vermicelles auf die Törtchen spritzen.

Vor dem Servieren kalt stellen.

Demi-lunes
Hörnchen oder Kipfers

Zubereitung : 20 Min.
Kochzeit : 15 Min.

Zutaten

- *250 g Mehl*
- *200 g Butter*
- *80 g Streuzucker*
- *1 Päckchen Vanillezucker*
- *2 Eigelb*
- *100 g gemahlene Mandeln*

Sonstige Zutaten

- *Puderzucker*

Eier aufschlagen und Eiweiß trennen.

In einer Schüssel das Eigelb mit dem Zucker und dem Vanillezucker schaumig schlagen.

In einer anderen Schüssel das Mehl und die Butter vermengen, bis eine sandartige Masse entsteht.

Dazu das Mehl und die Butter zwischen den Händen zerreiben.

Die Mandeln und die Eigelbmasse zum Mehl hinzugeben und zu einer homogenen Masse vermengen.

Den Teig in Frischhaltefolie gewickelt im Kühlschrank ca. eine Stunde kaltstellen.

Den Teig leicht kneten und ungefähr 3 cm dicke Rollen formen.

Ca. 1 cm dicke Scheiben abschneiden, so dass die Hörnchen nachher alle ungefähr gleich groß sind.

Diese Teigstücke zu kleinen Rollen formen und zu Hörnchen biegen.

Diese auf ein gebuttertes und mit Backpapier ausgelegtes Backblech geben.

Im vorgeheizten Backofen bei 180°C ungefähr 15 min. backen.

Sofort nach dem Backen mit Puderzucker bestreuen.

Das Gebäck kann leicht mehrere Wochen in einer gut verschlossenen Dose an einem kalten und trockenen Ort aufbewahrt werden.

Etoiles à la cannelle
Zimtsterne

Zubereitung : 30 Min.
Kochzeit : 10 Min.

Zutaten für ungefähr 570 g Teig

- *250 g Puderzucker*
- *5 g Zimt*
- *250 g gemahlene Mandeln*
- *2 Eiweiß (70 g)*

Sonstige Zutaten

- *1 Eiweiß*
- *150 g Puderzucker*

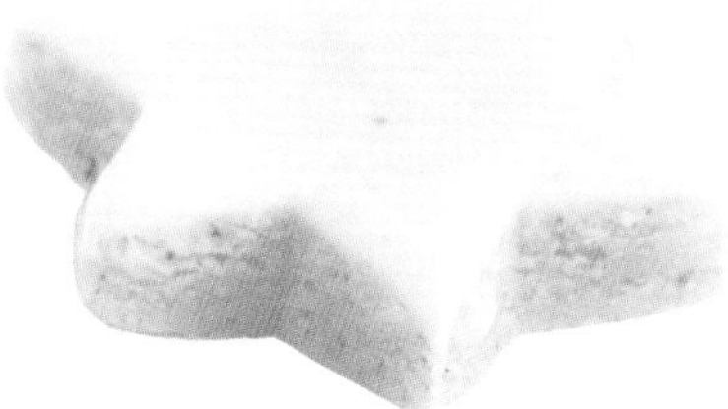

Zucker und Zimt zusammen in eine Schüssel sieben.

Die gemahlenen Mandeln und das Eiweiß hinzugeben.

Die Mischung zu einer homogenen Teigmasse verkneten.

Ist der Teig ausreichend geknetet, den Teig in Frischhaltefolie wickeln und ungefähr eine Stunde kühl stellen.

Den Teig auf dem Tisch leicht kneten und ca. 1 cm dick auswellen.

Den ausgewellten Teig 15 Minuten kühl stellen, evtl. sogar im Gefrierfach.

Das Eiweiß und den Puderzucker in eine Schüssel geben.

Das Eiweiß und den Puderzucker mit einem Schneebesen zu einem festen Eischnee schlagen.

Mit einem Löffel den Eischnee auf dem Teig verteilen.

Die Ausstechform für die Zimtsterne in eine Schüssel mit Wasser tauchen und Sterne aus dem Teig ausstechen.

Die Zimtsterne auf ein mit Backpapier oder einer Backmatte ausgelegtes Backblech legen.

Die Teigreste mit etwas gemahlenen Mandeln wieder verkneten und die verschiedenen Arbeitsschritte erneut ausführen.

Die Sterne ungefähr 2 Stunden bei Raumtemperatur trocknen lassen.

Im vorgeheizten Backofen bei 170°C ungefähr 10 Min. backen.

Nach dem Abkühlen die Zimtsterne in einer gut verschlossenen Dose kühl und trocken aufbewahren.

Macarons à la noix de coco
Kokosmakronen

Zubereitung : 20 Min.
Kochzeit : 12 Min.

Zutaten für ungefähr 600 g Makronen

- *5 Eiweiß (ca. 160 g)*
- *225 g Streuzucker*
- *225 g Kokosraspel*
- *½ Vanilleschote*

Das Eiweiß und den Zucker in einen Topf geben.

Eiweiß und Zucker mit einem Schneebesen aufschlagen, dabei erwärmen.

Bei ca. 50°C mit einem Holzlöffel die Kokosraspel und die ausgekratzte Vanille unterrühren.

Die Mischung zu einer homogenen Masse verarbeiten, dann leicht abkühlen lassen.

Den Makronenteig in einen Spritzbeutel mit einer geriffelten Tülle mit einem Durchmesser von ca. 14 mm füllen.

Rosetten auf ein gebuttertes und mit Backpapier ausgelegtes Backblech spritzen.

Im vorgeheizten Backofen bei 180°C ungefähr 12 Min. backen.

Tipps und Tricks

Ist der Makronenteig zu fest, etwas Eiweiß hinzugeben, bis der Teig die richtige Konsistenz hat.

Sie können auch Schokostreusel und etwas Rum hinzufügen.

Die Backzeit ist sehr kurz. Die Makronen müssen außen knusprig und innen weich sein.

Petits fours à l'anis
Anisplätzchen

Zubereitung : 25 Min.
Kochzeit : 10 Min.

Zutaten für ungefähr 400 g Anisplätzchen

- *2 Eier*
- *165 g Streuzucker*
- *170 g Weizenmehl*
- *8 g Anis*

Sonstige Zutaten

- *Butter*
- *Mehl*

Die Eier in einen Topf schlagen und den Zucker hinzugeben.

Erwärmen und mit einem Schneebesen rühren, bis die Mischung eine Temperatur von ca. 50 °C erreicht. Diese Mischung in die Rührschüssel eines elektrischen Rührgeräts geben.

Ungefähr 10 Minuten rühren, bis die Masse das doppelte Volumen erreicht hat.

Das Mehl durchsieben und mit einem hölzernen Rührlöffel zusammen mit dem Anis in die Eimasse rühren.

Den Teig in einen Spritzbeutel mit einer Tülle mit einem Durchmesser von ca. 10 mm füllen.

Auf ein leicht gebuttertes und bemehltes Backblech kleine runde Plätzchen spritzen.

Die Plätzchen ungefähr 2 Stunden an einem trockenen Ort ruhen lassen, bis sich eine ausreichende Kruste gebildet hat. Die Kruste muss beim Eindrücken mit dem Finger leicht krachen.

Den Backofen (Heißluft) auf 180°C vorheizen und das Backblech in den Ofen schieben.

Ungefähr 10 Min. backen, bis die Plätzchen eine ausreichende Bräunung haben.

Petits-beurre
Butterplätzchen

Zubereitung : 20 Min.
Kochzeit : 10-15 Min.

Zutaten für 580 g Teig

- *250 g Mehl*
- *3 g Backpulver*
- *150 g Butter*
- *125 g Puderzucker*
- *1 Ei*
- *Mark von ½ Vanilleschote*
- *1 Prise Salz*

Sonstige Zutaten

- *1 Ei zum Bestreichen*

Das Ei in eine Schüssel schlagen und den Zucker hinzufügen.

Das ausgekratzte Vanillemark und die Prise Salz hinzufügen und sofort mit einem Schneebesen schlagen.

Das Mehl mit dem Backpulver durchsieben.

Das Mehl und die Butter vermengen, so dass eine sandartige Masse entsteht.

Dazu das Mehl und die Butter zwischen den Händen zerreiben.

Das Ei mit dem Zucker zur Mehlmasse hinzufügen und den Teig zu einer homogenen Mischung verarbeiten.

Ist der Teig durchgeknetet, den Teig in Frischhaltefolie einwickeln.

Den Teig ungefähr ein bis zwei Stunden kalt stellen.

Den Teil leicht durchkneten und ca. 4 mm dick auswellen.

Mit verschiedenen Ausstechformen den Teig ausstechen.

Die Butterplätzchen auf ein leicht gebuttertes und mit Backpapier ausgelegtes Backblech legen.

Mit dem Eigelb einpinseln.

Antrocknen lassen und nochmals mit Ei überpinseln.

Im vorgeheizten Backofen bei 180°C ca. 10 bis 15 Min. backen.

Rochers aux noix
Haselnussmakronen

Zubereitung : 25 Min.
Kochzeit : 1 Std.-1 ¼ Std.

Zutaten

- *4 Eiweiß (ca. 120 g)*
- *240 g Streuzucker*
- *300 g Haselnüsse*

Das Eiweiß und den Zucker in einen Topf geben.

Erwärmen und mit einem Schneebesen rühren, bis die Mischung eine Temperatur von ca. 60 °C erreicht.

Die Mischung in die Rührschüssel des elektrischen Rührgeräts geben.

Ungefähr 10 Minuten schlagen, so dass ein fester Eischnee entsteht.

Die Nüsse mit einem hölzernen Rührlöffel unterheben.

Mit einem kleinen Löffel kleine Häufchen auf ein mit Backpapier oder einer Silikon-Backmatte ausgelegtes Backblech setzen.

Im vorgeheizten Backofen bei 110 °C ungefähr 1 bis 1¼ Stunde backen.

Tipps und Tricks

Das Gebäck kann leicht mehrere Wochen in einer gut verschlossenen Dose an einem kalten und trockenen Ort aufbewahrt werden.

Sablés souabes
Schwabenbrötli

Zubereitung : 20 Min.
Kochzeit : 10-15 Min.

Zutaten für 700 g Teig

- *250 g Mehl*
- *3 g Backpulver*
- *175 g Butter*
- *125 g Streuzucker*
- *1 Ei*
- *50 g gemahlene Mandeln*
- *50 g gemahlene Haselnüsse*
- *5 g Zimt*
- *1 Prise Salz*

Sonstige Zutaten

- *1 Ei zum Bestreichen*

Das Ei in eine Schüssel schlagen, Zucker und Salz hinzugeben und mit einem Schneebesen verrühren.

Das Mehl mit dem Backpulver durchsieben.

Mehl und Butter mischen, bis eine sandartige Masse entsteht.

Dazu das Mehl und die Butter zwischen den Händen zerreiben.

Die Mandeln, Haselnüsse, den Zimt und das Ei mit dem Zucker zur Mehlmasse hinzufügen und den Teig zu einer homogenen Mischung verarbeiten.

Ist der Teig ausreichend geknetet, in Frischhaltefolie wickeln und ungefähr eine Stunde kühl stellen.

Den Teig ca. 3 - 4 mm dick auswellen.

Mit verschiedenen Ausstechformen unterschiedliche Plätzchen ausstechen.

Die Plätzchen auf ein leicht gebuttertes und mit Backpapier ausgelegtes Backblech legen.

Mit einem Pinsel mit verquirltem Eigelb bestreichen.

Antrocknen lassen und nochmals mit Ei überpinseln.

Eventuell mit Trockenfrüchten, eingelegten Früchten oder Zucker verzieren.

Im vorgeheizten Backofen bei 180°C ca. 10 bis 15 Min. backen.

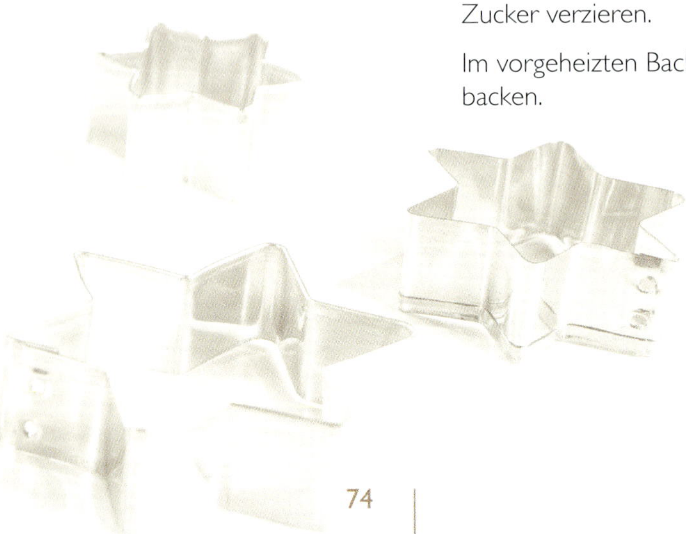

Spritzbredle
Spritzgebäck

Zubereitung : 20 Min.
Kochzeit : 10-15 Min.

Zutaten für ungefähr 500 g Spritzgebäck

- *250 g Mehl*
- *3 g Backpulver*
- *150 g Butter*
- *150 g Streuzucker*
- *1 Ei*
- *35 g gemahlene Mandeln*
- *40 g gemahlene Haselnüsse*

Das Ei in eine Schüssel schlagen und den Zucker hinzufügen.

Sofort mit einem Schneebesen verrühren.

Das Mehl mit dem Backpulver durchsieben.

Mehl und Butter mischen, bis eine sandartige Masse entsteht.

Dazu eine Küchenmaschine verwenden oder auf der Arbeitsfläche Mehl und Butter mit den Händen verreiben.

Ei, Zucker, Nüsse und Mandeln zu dem Mehlgemisch hinzufügen und den Teig durchkneten, bis eine homogene Masse entsteht.

Den Teig in Frischhaltefolie gewickelt im Kühlschrank ca. eine Stunde kaltstellen.

Den Teig leicht durchkneten.

Einen Fleischwolf mit einem sternförmigen Aufsatz zum Formen des Spritzgebäcks vorbereiten.

Den Fleischwolf betätigen und vorne kleine Stücke von der geformten Masse abschneiden. Diese auf ein gebuttertes und mit Backpapier ausgelegtes Backblech legen.

Als S, Kringel oder Stäbchen legen.

Im vorgeheizten Backofen bei 170°C ca. 10 - 15 Min. backen.

La pâte brisée Mürbeteig

Zubereitung : 20 Min.

Zutaten für eine Springform von ca. 28 cm Durchmesser

- *250 g Mehl*
- *125 g Butter*
- *30 g Streuzucker*
- *4 g Salz*
- *1 Ei*
- *15 ml Milch*

In der Rührschüssel oder in einer Schüssel das Mehl und die Butter in Flöckchen mischen.

Mehl und Butter verkneten. Dazu die Zutaten kräftig zwischen den Händen zerreiben, bis eine sandartige Masse entsteht.

Ei, Milch, Salz und Zucker zur Mehlmasse hinzufügen und den Teig zu einer homogenen Mischung verarbeiten.

Den Teig in Frischhaltefolie gewickelt im Kühlschrank ca. eine Stunde kühlstellen, ehe er weiter verarbeitet wird.

La pâte sablée Sandteig

Zubereitung : 20 Min.

Zutaten für eine Springform von ca. 28 cm Durchmesser

- *250 g Mehl*
- *1 Messerspitze Backpulver*
- *1 Prise Salz*
- *150 g Butter*
- *150 g Streuzucker*
- *1 Ei*

Das Mehl und das Backpulver in eine Schüssel sieben.

Mehl und Butter mit dem Salz mischen und zwischen den Händen zerreiben, bis eine sandartige Masse entsteht.

Ei und Zucker mit dem Schneebesen in einer Schüssel vermischen.

Eimasse zur Mehlmischung hinzufügen und den Teig zu einer homogenen Mischung verarbeiten.

Nach dem Verkneten den Teig im Kühlschrank ca. eine Stunde kaltstellen, ehe er weiter verarbeitet wird.

La pâte à biscuit Biskuitteig

Zubereitung : 30 Min.
Kochzeit : 7 Min.

Zutaten

- 3 Eiweiß
- 90 g Zucker
- 3 verquirlte Eigelb
- 75 g Mehl
- 20 g Speisestärke

Mehl und Speisestärke mischen.

Eiweiß und Zucker solange schlagen, bis eine feste, aber geschmeidige Eischneemasse entsteht.

Eigelbe zugeben und mit einem Rührlöffel verrühren, dann vorsichtig das zuvor gesiebte Mehl unterheben.

Die Masse in einen Spritzbeutel mit einer Tülle (Durchmesser 8 mm) füllen.

Mit dem Spritzbeutel den Biskuitteig spiralförmig aufspritzen, sodass 18 Scheiben (Durchmesser 8 cm) entstehen.

Ca. 7 Minuten bei 200°C backen.

La crème pâtissière Konditorcreme

Zubereitung : 20 Min.
Kochzeit : 5 Min.

Zutaten

- 200 ml Milch
- 40 g Streuzucker
- 20 g Konditorcreme-Pulver
- 2 Eigelb
- 40 g Butter

Konditorcreme-Pulver und die Hälfte des Zuckers mit dem Schneebesen in einer Schüssel vermischen.

Milch und Butter mit dem restlichen Zucker in einen Topf geben und erhitzen.

Mit dem Schneebesen das Eigelb der Zucker-Cremepulver-Zubereitung schaumig schlagen.

Wenn die Milch anfängt zu kochen, einen Teil der warmen Milch zu der Eimasse geben und kräftig mit dem Schneebesen aufschlagen. Dann die warme Mischung zur kochenden Milch geben und die Konditorcreme unter Rühren aufkochen lassen. Sobald die Creme aufgekocht ist, diese in eine Schüssel füllen, mit Frischhaltefolie abdecken und kaltstellen.

Remerciements :

Les auteurs tiennent à remercier toutes les personnes, qui de près
ou de loin, nous ont permis la réalisation de cet ouvrage et nous ont apporté leur aide.

Un remerciement tout particulier à
Sandrine, Martine, Frédérique, Marie, Bernard, Damien et Antoine.

Auteurs
Gérard Fritsch et Guy Zeissloff

Photographe
Frédérique Clément
www.fredclement.com

Maquette
I.D. Créations, Damien Schitter

Relecture
Marie Heckmann et Antoine Dounovetz

I.D. l'Édition
9, rue des Artisans - 67210 Bernardswiller
Tél. : 03 88 34 22 00 - Fax : 03 88 34 26 26
info@id-edition.com - www.id-edition.com

ISBN : 978-2-915626-95-7
Impression : PB, Union Européenne - mars 2019